GUÍA DE APICULTURA PARA PRINCIPIANTES

LA GUÍA COMPLETA DE USUARIO PARA CUIDAR LAS ABEJAS Y SUS COLONIAS Y HACER QUE PROSPEREN TUS COLMENAS EN TU HUERTO O JARDÍN

OLIVIA COOPER

Guía de apicultura para principiantes

La guía completa de usuario para cuidar las abejas y sus colonias y hacer que prosperen tus colmenas en tu huerto o jardín

Olivia Cooper

Este libro o cualquier parte del mismo no puede reproducirse o usarse de ninguna manera sin el permiso expreso escrito del editor, salvo para el uso de citas breves en reseñas del libro.

Te invitamos a unirte al

Fan's Corner, aquí

Aviso legal

Los consejos y estrategias que se incluyen en este libro pueden no ser los apropiados para todas las situaciones. Esta obra se vende bajo la condición de que ni el autor ni el editor serán responsables de los resultados conseguidos siguiendo los consejos de este libro.

Tabla de contenidos

INTRODUCCIÓN

La apicultura es un aspecto de la agricultura que trata esencialmente la práctica de cuidar y mantener abejas, sus colonias y sus colmenas. El ecosistema de toda la colonia apícola, que incluye la jalea real, la miel y la cera, se conoce como el apiario. Aparte de ser sostenibles y buenos para la salud, estos productos son muy demandados.

Si eres solo un principiante y alguna vez has pensado en tener tus propias abejas, este libro de apicultura es para ti. Este es un libro específicamente escrito para adultos que estén interesados en la apicultura natural y necesiten un libro que no solo explique las bases de esta actividad para los principiantes, sino que también enseñe cómo gestionar el aspecto empresarial de la apicultura para hacer de ella un negocio rentable obteniendo beneficios constantes.

Así que, si todo lo que quieres ser es un apicultor aficionado o sencillamente un granjero a tiempo parcial y usar tu propiedad para empezar un negocio de venta de miel y otros productos apícolas, esta guía con ilustraciones para cada punto se ha pensado para que empieces inmediatamente y sepas que es muy fácil aprender el proceso de cuidar de tus abejas.

Como en muchos otros aspectos de la vida, entran en juego muchos factores antes de decidir embarcarse en la aventura de la apicultura, así que antes de lanzarte puede que quieras considerar antes si la cría de abejas es apropiada para ti.

Eso significa que el primer paso del largo viaje para convertirse en un apicultor de éxito es adquirir tanto conocimiento como sea posible acerca de las abejas para familiarizarte con todas las potenciales variables que tengan la capacidad de afectar a la producción de tus abejas melíferas.

Este paquete para principiantes te enseñará cómo seleccionar tu colmena para tu primer apiario y te ayudará a prepararte ante posibles dificultades que puedas encontrarte en el futuro. Cada día que vayas a ver tus abejas puede convertirse en una nueva experiencia por sí misma, ya que verás algo distinto cada vez que mires tu colmena. Este libro se ha escrito para que te resulte interesante cada experiencia apícola.

Para ser capaces de tomar decisiones apropiadas de gestión, especialmente al prepararse para empezar con la apicultura comercial, es esencial ser consciente de la importancia de ser flexible en la aproximación y desarrollar una capacidad extraordinaria para entender por qué las abejas actúan como actúan en un momento dado y luego pasan a actuar de un modo completamente distinto en otro. La capacidad de diferenciar cada una de estas acciones supuestamente simples y cómo dichas acciones pueden afectar a su bienestar es lo que normalmente diferencia a un apicultor de éxito de otro fracasado.

Así que acompáñanos mientras exponemos y simplificamos para ti los aspectos de la apicultura en un lenguaje sencillo de entender.

CAPÍTULO 1

SOBRE LAS ABEJAS

Las abejas son insectos que vuelan y son similares a las hormigas y las avispas. Las abejas tienen un origen monofilético dentro de la familia *Apoidea*. Hay más de 20.000 especies conocidas de abejas, que se agrupan en siete familias. Algunas especies de abejas viven socialmente en colonias, por ejemplo, los abejorros, las abejas melíferas y las abejas sin aguijón, mientras que otras especies, como los abejorros carpinteros, las abejas cortadoras de hojas, las abejas albañiles y las abejas del sudor prefieren vivir independientemente.

Existen abejas en cualquier entorno que esté rodeado por plantas con flores polinizadas por insectos en todos los continentes, excepto en la Antártida. Las abejas varían en tamaño, ya que algunas especies son diminutas y sin aguijón, con obreras de menos de 2 mm. de largo y algunas como la especie más grande de abeja cortadora de hojas (*Megachile pluto*) con hembras que pueden tener un tamaño de hasta 39 mm. de largo. Las abejas se alimentan de néctar y polen. El néctar sirve como fuente de energía y el polen les da proteínas y otros nutrientes. Las larvas de las abejas también se alimentan con polen. Las abejas tienen como depredadores insectos, como las libélulas, y aves, como los abejarucos.

ESPECIES DE ABEJAS

Hay aproximadamente 25.000 especies de abejas en todo el mundo. Además, las 25.000 especies se clasifican en más de 4.000 tipos de abejas (*genera*) que se agrupan en 9 superfamilias (*Apoidea*). Además, hay aproximadamente 4.000 especies en Estados Unidos y más de 250 en Gran Bretaña y probablemente más especies por conocer. Estos son los tipos de abejas, clasificados por familias:

Apidae: Ejemplos de abejas de esta familia son las abejas sin aguijón, las abejas melíferas y los abejorros.

Megachilidae: Son normalmente abejas solitarias, como los abejorros carpinteros y las abejas cortadoras de hojas.

Andrenidae: Esta familia es una amplia especie de abejas que incluyen el género *Andrena* y otras 1.300 especies. Son abejas mineras.

Colletidae: Incluyen aproximadamente 2.000 especies, incluyendo las abejas de cara amarilla y las abejas de poliéster.

Halictidae: Son abejas pequeñas y se las llama habitualmente abejas del sudor. Normalmente son de color oscuro con algunas rayas amarillas, rojas o verdes.

Mellittidae: Son una pequeña familia de abejas africanas con unas 60 especies en 4 géneros.

Meganomiidae: Son una pequeña familia de abejas africanas con unas 10 especies en 4 géneros.

Dasypodaidae: Comprenden más de 100 especies en 8 géneros.

Stenotritidae: Esta es una pequeña familia de abejas encontrada en Australia con unas 20 especies en 2 géneros. Al principio fueron parte de la familia *Colletidae*.

Los tipos más comunes de abejas son las melíferas, los abejorros, las abejas asesinas, albañiles y cortadoras de hojas y los abejorros carpinteros.

ABEJAS MELÍFERAS (APIDAE)

Las abejas melíferas están clasificadas como «abejas sociales» porque pueden vivir en colonias en torno a las 50.000-60.000 obreras. Hay en el mundo 10 variedades de abejas melíferas y un híbrido conocido como abeja africanizada. La abeja melífera europea es la que generalmente crían y cosechan los apicultores occidentales. Las abejas melíferas son también las que se usan generalmente para la polinización de cultivos.

Pueden verse abejas melíferas en cualquier lugar del mundo y tienen grandes familias. La abeja melífera es el único insecto social cuya colonia puede existir durante mucho tiempo. Y esto ocurre porque se reúnen y anidan juntas y comen miel para mantenerse vivas durante el invierno. Las abejas melíferas polinizan más de 100 cultivos en Estados Unidos. Sus alas baten unas 11.000 veces por minuto y por eso suena como si estuvieran «zumbando». Las abejas melíferas normalmente también pican, pero solo lo hacen una vez, porque sus aguijones tienen forma de gancho y se desprenden cuando salen volando. La picadura puede ser muy dolorosa si no se extrae inmediatamente el aguijón de la persona, lo que puede a veces generar una reacción terrible para personas alérgicas a la picadura de insectos.

Las abejas melíferas tienen un color amarillo dorado con bandas marrones. Usan el polen y el néctar de las plantas para fabricar miel. Guardan la miel en panales de sus colmenas y con ella alimentan a las más jóvenes durante el invierno.

Las colmenas de abejas melíferas varían en tamaño. Normalmente las construyen en grietas de árboles y a veces en áticos y chimeneas.

ABEJORROS (APIDAE)

Los abejorros se consideran insectos beneficiosos, porque son grandes polinizadores de numerosos tipos de plantas y alimentos. Su excelencia como polinizadores se relaciona parcialmente con la forma peluda de su cuerpo y asimismo con la capacidad de «polinizar por zumbido». Son abejas extremadamente sociales que viven en grandes «familias». El abejorro es diferente de la abeja melífera, porque tienen aguijones puntiagudos que no se enganchan a la piel cuando se retiran, así que pueden picar repetidamente. La picadura del abejorro es muy dolorosa y puede causar hinchazón e irritación durante días.

Los abejorros son de color negro, con bandas amarillas. Los abejorros recolectan néctar y polen y luego los usan para alimentar sus larvas y a otros abejorros en su colonia. La mayoría de las colonias de abejorros son relativamente pequeñas, con entre 50 y 400 obreras, pero normalmente suelen tener entre 120 y 200. Los abejorros normalmente construyen sus nidos en el suelo, pero a veces los colocan por encima en torno a plataformas o balcones. A veces también ponen sus nidos en áticos o en travesaños de tejados. Cuando se alteran, normalmente zumban ruidosamente y protegen de forma agresiva y valiente sus nidos. Como parte de la protección hostil de sus nidos, los abejorros perseguirán a los invasores durante mucho tiempo y mucha distancia.

ABEJAS ASESINAS

Las abejas asesinas africanizadas son similares físicamente a las abejas melíferas normales, pero tienen alas de distinto tamaño. Las abejas africanizadas se encuentran en Sudamérica y en el oeste y el sur de Estados Unidos. Son conocidas por perseguir a la gente durante más de cuatrocientos metros cuando están enfadadas. Aunque normalmente se las llama abejas «asesinas», su veneno no es más tóxico que el de las abejas melíferas normales. Aun así, estas abejas normalmente atacan en grupos, lo que las hace más peligrosas para los humanos, especialmente para la gente alérgica. Las abejas «asesinas» africanizadas solo pueden picar una vez, porque sus aguijones no son puntiagudos y se desprenden cuando tratan de alejarse volando. Tienen un color amarillo dorado con bandas marrones más oscuras. Las abejas asesinas recogen néctar y polen, que luego sirven como comida para la colonia y sus larvas. Las abejas africanizadas normalmente forman colonias pequeñas, lo que significa que pueden poner sus nidos en sitios inusuales, como cajas, cajones, coches vacíos, neumáticos, etc. Si nos atacan abejas africanizadas, es aconsejable moverse en zigzag y buscar refugio en un edificio o vehículo. Asimismo, hay que tener cuidado al manejar cosas que puedan rodear un nido de abejas africanizadas.

ABEJORROS CARPINTEROS (APIDAE)

Los abejorros carpinteros son abejas solitarias. Ponen sus nidos y se limitan a alimentarse a sí mismos y a sus crías. Poseen la habilidad de perforar la madera y de ahí viene su nombre. Tienen aguijones puntiagudos, por lo que pueden picar varias veces. Son de color azul-negro. Recogen néctar y polen para dárselos a sus crías como alimento. Los abejorros carpinteros perforan delicadamente la madera para poner sus huevos y proteger a sus larvas mientras crecen. Las hembras pueden masticar un túnel hasta hacer pedacitos de madera y crear así un camino de nidos. A la madera que mastican y mantienen fuera del nido se la llama «desecho». La abertura del pasillo es normalmente de entre dos centímetros y medio y cinco centímetros de ancho y pueden llegar a tener hasta tres metros de profundidad. Estos túneles tienen normalmente varias habitaciones donde los abejorros guardan sus huevos y almacenan su comida.

Los abejorros carpinteros no son potencialmente mortales, pero pueden destruir la madera donde construyen sus nidos. Los abejorros carpinteros son útiles porque polinizan plantas que son ignoradas por las abejas melíferas.

ABEJAS EXCAVADORAS

Las abejas excavadoras son abejas solitarias y también grandes polinizadoras. Las abejas excavadoras normalmente ponen sus nidos en el suelo. Tienen cuerpos peludos y pueden llegar a medir hasta 3 cm. Por ejemplo, algunas especies en Estados Unidos pueden tener un cuerpo de un marrón similar al del jengibre con pelos o troncos de color negro brillante.

ABEJAS CORTADORAS DE HOJAS Y ABEJAS ALBAÑILES

Estas abejas también son solitarias. Entre las abejas solitarias normalmente una hembra solitaria se aparea y luego construye un nido de forma independiente y se ocupa de las larvas. Aun así, algunas abejas solitarias sí tienen una estructura social sencilla o un grupo social en el que algunas de ellas pueden construir sus nidos unas cerca de otras y, en algunos casos, incluso hacen guardias para proteger los nidos y para buscar comida.

Las abejas albañiles normalmente hacen sus nidos en grietas y las abejas cortadoras de hojas prefieren troncos huecos y agujeros en la madera. Las abejas cortadoras de hojas cortan porciones de hojas para construir sus celdas para huevos, pero no dañan a la planta de la que toman esas partes de hojas. Está aumentando la cría de abejas solitarias para polinización comercial apícola.

ABEJAS MINERAS (ANDRENIDAE)

Las abejas mineras están relacionadas con una gran familia de abejas compuesta en su totalidad por numerosos tipos de abejas de todo el mundo. Las abejas mineras son asimismo solitarias, con las hembras creando nidos unas cerca de las otras. Las abejas mineras cavan túneles y celdas bajo tierra. Son visibles en patios, jardines, pequeñas crestas y montones de tierra en los campos o incluso en parterres. En general, parece que les gustan los suelos arenosos. No causan muchos daños y pueden ser aceptadas en el jardín. Son también una fuente importante de polinización de plantas y flores.

ABEJAS DE POLIÉSTER

A las abejas de poliéster también se las llama abejas de celofán. Fabrican unos pegamentos asombrosos.

ABEJAS CARDADORAS

Esta encantadora abeja cardadora de lana recoge pelos de plantas, los agrupa en pequeñas bolas y los utiliza para hacer sus nidos.

ABEJAS FLOR

Las abejas flor son magníficas polinizadoras de plantas.

ABEJAS NÓMADAS

Las abejas nómadas pueden confundirse fácilmente con pequeñas avispas. Las abejas nómadas son cleptoparásitos.

ABEJAS SIN AGUIJÓN

Las abejas sin aguijón son abejas maravillosas que polinizan flores. ¡Sorprendentemente, algunas especies de abejas sin aguijón se alimentan de carroña!

ABEJAS DE CUERNOS LARGOS

Son abejas con largas antenas muy visibles en los machos.

ABEJAS SURCADAS

Las abejas surcadas buscan alimento en flores silvestres como las centáureas y los cardos.

TIPOS DE ABEJAS EN UNA COLMENA

Hay varios tipos de abejas en una colmena: Reina, Obrera y Zángano. Cada uno de estos tipos de abeja tiene sus funciones vitales y sus tareas concretas en una colonia.

LA REINA

Las abejas reina se diferencian de las demás abejas por sus abdómenes largos y sus alas pequeñas. El abdomen de la reina normalmente es liso, suave y largo, extendiéndose más allá de sus alas plegadas. En algún momento después de su nacimiento, salen a aparearse con 15 o más zánganos durante tres días antes de retirarse a la colonia a poner huevos.

La reina permanecerá en la colmena y no la volverá a abandonar salvo que esta requiera un nuevo hogar. La tarea de la reina es reproducirse. Normalmente es la única hembra reproductiva en la colonia, ya que hay una abeja reina en cada colmena. Pone sus huevos al principio de la primavera cuando las obreras traen el nuevo polen a la colonia. Continúa produciendo huevos mientras hay polen disponible.

La reina puede poner hasta 2.000 huevos cada día. La vida de una reina apenas excede de los 2-3 años, pero puede sobrevivir hasta 7 años. Las reinas más jóvenes pueden generar múltiples huevos y las más viejas pueden producir muchos zánganos. La mayoría de los apicultores reemplazan sus reinas cada uno o dos años. Las reinas envejecidas y mayores son reemplazadas continuamente por las obreras sin ninguna ayuda.

Cuando la colonia quiere otra abeja reina, se limita a seleccionar una larva sana que ya haya salido de un huevo de la reina existente y a darle jalea real (un producto especial y muy nutritivo) como alimento. La jalea real permite a la larva crecer convirtiéndose en reina. Un apicultor profesional puede criar buenas reinas, pero un principiante se limitará a comprar reinas buenas a un productor fiable. Las abejas reinas también producen una feromona llamada sustancia de la reina.

La combinación química se transmite individualmente de una abeja a otra por toda la colmena mientras comparten la comida. Si una abeja reina abandona una colonia, las obreras normalmente descubren su ausencia en horas al caer el nivel de esta feromona. La situación de falta de reina activa inmediatamente el deseo de conseguir una nueva reina de «emergencia» de entre las larvas más jóvenes disponibles (de 1-3 días de edad). Esta situación de emergencia puede asimismo limitar el desarrollo de los ovarios de las obreras. Después de un periodo sin reina, algunas de las obreras pueden convertirse en obreras ponedoras. Las obreras también evalúan a su reina basándose en la cantidad de feromonas que produce. Si las obreras empiezan a obtener dosis pequeñas o inadecuadas cada día, pueden verla como una reina de baja calidad y empezar a prepararse para reemplazarla. Los apicultores normalmente marcan el tórax de la reina con colores para poder localizarla fácilmente y saber si ha sido reemplazada.

ABEJAS OBRERAS

Las obreras son las abejas más pequeñas de la colonia y las más numerosas. Las obreras son hembras y normalmente incapaces de reproducirse. No son capaces de aparearse, pero en el caso de que no haya reina en la colonia las obreras pueden empezar a poner huevos no fertilizados, que posteriormente se convertirán en zánganos. Las abejas obreras comprenden aproximadamente el 99% de la población de abejas de cada colonia y son sus miembros más familiares.

El aguijón de la obrera tiene forma de gancho, así que cuando se ve obligada a protegerse a sí misma o a proteger la colmena, este se desprende si vuela para huir, porque se queda enganchado a la piel de quien sufre la picadura. Muere cuando se desgarra inevitablemente al separarse del aguijón enganchado. El aguijón abandonado continuará inyectando su saco de veneno en la víctima.

Las obreras tienen tres ojos sencillos u ocelos en el vértex y ojos compuestos completamente desarrollados a cada lado de la cabeza. Su lengua está bien desarrollada y se extiende para tomar el néctar de las flores. Las abejas obreras hacen prácticamente todo por la colmena. Desde el nacimiento de la obrera hasta su muerte, que se produce aproximadamente 45 días después, a la obrera se le asignan varias tareas a realizar durante las diversas fases de su vida. Las abejas obreras realizan las siguientes funciones:

- Limpiar la colmena.

- Producir la jalea real usada para alimentar a su reina y su larva.

- Construir panales secretando la cera usada en la colmena y moldeándola en forma de hexágonos.

- Recoger la comida buscando néctar y polen, llevándolos a la colmena y convirtiendo el néctar en miel.

- Atender las necesidades de larvas y reinas.

- Tapar las celdas de las larvas maduras para que pasen a su fase de pupa y retirando detritos y abejas muertas de la colmena.

- Proteger y defender la colmena contra enemigos y conservar las condiciones óptimas de la colmena calentándola, enfriándola y aireándola.

Las obreras criadas durante la primavera y principios del verano viven entre cinco y seis semanas. En las dos primeras semanas de sus vidas se dedican a ser abejas caseras, realizando tareas en la colmena. El resto de su vida son abejas de campo, buscando alimento fuera de la colmena.

ZÁNGANOS

Los zánganos son las abejas macho cuyo propósito es aparearse y fertilizar a reinas jóvenes. Si tienen la oportunidad de aparearse, mueren poco después. Si no se aparean, pueden sobrevivir hasta 90 días. A los zánganos se los reconoce fácilmente en la colmena por sus grandes cuerpos redondeados y sus grandes ojos. Son más grandes y robustos que las obreras. Tienen unos ojos grandes muy característicos que se unen en lo alto de sus cabezas y poseen antenas algo más largas que las de las reinas y obreras. Tienen reducida la parte de la boca. Los zánganos nacen de huevos no fertilizados y sus celdas son más grandes que las de las obreras.

Los zánganos se alimentan a sí mismos directamente con la miel de la colmena o consiguen comida de las abejas obreras. Se crían principalmente en la primavera y el verano, unas cuatro semanas antes de que se generen las nuevas reinas, asegurando así que haya suficientes zánganos preparados para aparearse con ellas. Normalmente su día se divide en tiempo para comer y tiempo para descansar y proteger los lugares de apareamiento a los que se llama áreas de congregación de zánganos. A medida que decrece la cantidad de comida accesible, la producción de zánganos se acaba deteniendo a finales del verano. Antes del invierno, las obreras normalmente expulsan de la colmena a los zánganos y la protegen para que estos no vuelvan. Una colonia sin reina puede crear obreras ponedoras, que solo pueden producir zánganos. Cuando esto ocurre, la colonia está en una mala situación. Por tanto, la producción de zánganos sería el último paso para pasar la línea genética de la colonia apareándose con una reina virgen de otra colonia.

LA COLMENA

Las abejas melíferas no crean una capa exterior que rodee su enjambre. Les gusta ocupar huecos como los de un árbol, un tronco caído y abandonado o una colmena artificial normal.

Aun así, construyen la parte interior de su colmena. Las abejas melíferas fabrican cera, que utilizan para construir unos excelentes pequeños hexágonos dentro de la colmena. A las aperturas más pequeñas se las llama celdas, donde las abejas guardan de todo, incluyendo huevos, polen y miel. Fabrican una sustancia llamada propóleo para cerrar y cubrir su colmena y asimismo para defenderla contra enfermedades. El propóleo incluye una mezcla de cera de abejas, resinas de plantas y miel. También es antihongos, antibacteriana y antiviral.

La cera es pegajosa y las abejas la usan para cubrir agujeros y aperturas que pueden aparecer durante el cuidado de la colmena y además esteriliza y protege su hogar. Debido a la gran población en la colonia, necesitan alguna forma de comunicación para entenderse. Las abejas se comunican de dos maneras: por el olor y por el baile. Siempre que una abeja avisa a las demás de un enemigo o cuando las abejas dentro de la colmena están especialmente contentas pueden expeler un olor hormonal particular conocido como feromonas. Las abejas melíferas normalmente reconocen estos olores y entienden su mensaje. Una feromona de abeja contenta tiene una fragancia de limón y una de alarma una fragancia de plátano. Una abeja que busca alimento y quiere avisar a sus hermanas de dónde conseguir néctar baila. Lleva a cabo unos giros y sacudidas peculiares que dibujan un mapa para indicar dónde consiguió el alimento.

LOS HUEVOS Y LAS ETAPAS DEL DESARROLLO DE UNA ABEJA

Las etapas del desarrollo de las abejas empiezan con los huevos. En invierno una reina crea una nueva colonia poniendo huevos en todas las celdas dentro del panal. Los huevos fertilizados luego se convierten en abejas obreras, mientras que los no fertilizados se convertirán en zánganos o machos de la abeja melífera. Para que se mantenga una colonia, la reina debe poner huevos fertilizados que se convertirán en obreras, que conseguirán comida y se ocuparán de las tareas de la colonia.

Cada colonia tiene solo una reina, que se aparea pronto y reúne más de 5 millones de células de esperma. Una reina de abeja melífera sale a aparearse y guarda suficiente esperma durante el vuelo de apareamiento como para permitirle poner huevos durante toda su vida. Cuando la reina ya no puede poner más huevos, una nueva reina se aparea y empieza a poner huevos. El tamaño aproximado de los huevos de una abeja melífera va de 1 a 1,5 mm. de altura, la mitad del tamaño de un grano de arroz. Normalmente el huevo es de forma oblonga, un poco curvada y estrecha en uno de sus extremos. Antes de que la reina ponga los huevos, esta recorre el panal y evalúa cada celda antes de hacerlo. El tiempo que emplea para poner un solo huevo es de solo unos segundos y la reina puede poner unos dos mil huevos al día.

Una reina joven pone los huevos usando un patrón sistemático, colocando cada huevo cerca de los demás dentro de una celda. Las reinas empiezan a poner sus huevos en mitad de la estructura de celdas, de forma que las trabajadoras pueden colocar miel, jalea real y otros alimentos para las larvas en los bordes. Aun así, el número de huevos que pone una reina empieza a reducirse a medida que envejece. Cuando la reina pone un huevo, un hilo mucoso lo adhiere a la celda del panal.

En la primera fase del desarrollo, se forman el sistema nervioso y digestivo y la cobertura exterior. Tres días después, los huevos se convierten en larvas. Las abejas obreras alimentan a las larvas con miel, jalea real y otros líquidos de plantas. Estas larvas de abeja melífera no tienen patas, ojos, antenas ni alas; poseen una boca pequeña y son similares a un grano de arroz. Luego se alimentan y se convierten en obreras, reinas o zánganos.

CICLO DE VIDA DE UNA ABEJA

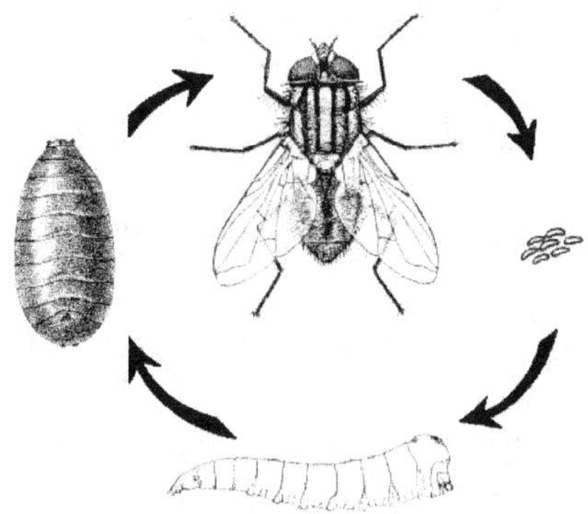

Las etapas de la vida de una abeja solitaria o social comprenden el desarrollo completo desde la puesta de un huevo al desarrollo de una larva sin patas a la etapa de pupa en la que el insecto sufre una metamorfosis y la aparición de una abeja adulta.

La mayoría de las abejas solitarias y los abejorros se desarrollan en primavera, cuando florecen muchas plantas. Normalmente los primeros que aparecen son los machos, que luego buscan hembras con las que aparearse. El sexo de la abeja depende de la fertilización. Después del apareamiento, la hembra guarda el esperma y especifica el sexo requerido en el momento en que se pone el huevo. Los huevos fertilizados producen hembras y los no fertilizados producen machos. Las abejas de las regiones tropicales normalmente engendran varias generaciones al año.

Las larvas de la mayoría de las especies de abejas son blancas, con una forma ligeramente oval y muy estrecha en los extremos. Tiene quince segmentos. También tienen espiráculos para respirar en cada uno de los segmentos. No tienen patas, pero se mueven dentro de las celdas sobre sus lados.

Tienen cuernos en su corona y un apéndice sobre una parte de su boca, con mandíbulas con cerdas para comer. Tienen una glándula bajo la boca que produce un líquido viscoso que se endurece para convertirse en la seda usada para producir un capullo. Se puede apreciar claramente la pupa a través del capullo, ya que este es ligeramente transparente. Después de unos días, la larva se convierte en un adulto alado. Cuando el adulto está listo para salir, divide su piel por el lomo, se la quita y sale de la celda.

CAPÍTULO 2

POR QUÉ ES IMPORTANTE LA APICULTURA

En general, mucha gente conoce instintivamente el valor de las abejas. Las abejas desempeñan un papel esencial en el medio ambiente y sabemos que si dejara de haber

50

abejas, se crearía un vacío ecológico en el que otras especies no podrían ocupar su lugar. Hay buenas razones para justificar por qué la apicultura es tan importante:

1. Las abejas fabrican miel

Uno de los propósitos de la apicultura es conseguir miel. Las abejas fabrican miel y cera. La miel nos resulta realmente útil. La miel es estupenda sobre tostadas, helado y jamón recién salido del horno. Puede ser útil para añadir más sabor al té y al café. Asimismo, algunas personas crían abejas simplemente porque les gusta la miel, de la misma forma que hay gente que tiene gallinas porque les gustan los huevos.

2. La apicultura es relativamente barata

Empezar a dedicarse a la apicultura no es demasiado caro. Lo que hay que hacer es, o bien comprar una colmena ya creada, o bien un equipo de apicultor y los materiales para colocar tus colmenas. Asimismo, hay que hacer un gasto en un traje de apicultor y conseguir herramientas de limpieza y cosecha. Después de estos gastos preparatorios, no hay que gastar mucho para mantener la colmena. La apicultura es asimismo bastante económica comparada con actividades no agrícolas.

Por ejemplo, una afición como el golf tiene gastos sin fin. Los primeros gastos pueden ser pequeños si no se gasta mucho en palos y pelotas, pero cada partida que juegas hace que gastes un poco más. Puedes tener más gastos en una temporada concreta que los que tendría un apicultor novato en construir colmenas nuevas. En la temporada siguiente gastarás aún más. Lo que acaba acumulándose a largo plazo. Algunas aficiones son más caras que la apicultura, así que la apicultura es una alternativa bastante razonable si se piensa en una afición o trabajo asequible que puedas hacer.

3. La apicultura es interesante

A la gente le gusta adoptar aficiones que descubren que son al mismo tiempo agradables y relajantes. Es agradable ponerse el traje de apicultor y limpiar las colmenas. Hay una sensación única en ocuparse de las colmenas al principio de las mañanas o durante las tardes frías. Asimismo, cuidar de las abejas te permite un tiempo de relajación, ya que puedes ocuparte de ellas al menos una vez por semana.

4. La apicultura es gratificante

Cuidar de las abejas es gratificante para los apicultores empezando por la posibilidad de apoyar la reavivación de una población decreciente de abejas como consecuencia de un colapso de colonias (CCD, por sus siglas en inglés). Las poblaciones de abejas están aumentando gradualmente de nuevo como consecuencia de los esfuerzos los apicultores en todo el mundo y esta es una buena razón para animarlos a seguir criándolas.

5. La apicultura ofrece una relación con la naturaleza

La industrialización y la urbanización han desarrollado distintos países en todo el mundo. La apicultura relaciona al apicultor con el medio ambiente. La sociedad necesita volver a conectarse con la naturaleza si queremos salvar y mantener la tierra. La apicultura enseña a la gente a disfrutar de la naturaleza y a buscar cómo conservarla.

6. Las abejas son útiles en tu jardín

La apicultura es útil para árboles y plantas. Las abejas son polinizadoras. Mantener colmenas en tu jardín será bueno para tus plantas.

7. La apicultura es instructiva

La apicultura es también una actividad instructiva. Nunca se deja de aprender. El aprendizaje de la apicultura empieza con el estudio de las diferencias entre colonias de iniciación y kits de colmenas. Luego se continúa aprendiendo acerca de reinas, obreras y zánganos. Asimismo, se aprende el ciclo de vida de una abeja y como este influye en la salud y productividad de una colmena. Al año siguiente, hay que aprender cómo afectan las enfermedades a las colonias, cómo identificar sus síntomas y qué hacer si aparecen. Así que, en general, básicamente hay que aprender todo, desde la vida de las abejas a cómo se comportan para impedir que la colonia colapse.

8. Las abejas son polinizadoras

Las abejas tienen una función primaria que contribuye al equilibrio del ecosistema, que es la polinización. Las abejas transportan polen de una planta a otra. Los polinizadores son críticos para la existencia de vida vegetal. La naturaleza ha formulado varios medios para llevar a cabo la polinización. Pero las abejas melíferas son con mucho las mejores polinizadoras. Salen a un jardín en busca del alimento que luego llevan a la colmena. Vuelan de una planta a otra, tomando el polen y comprimiéndolo en forma de bolas. Cada vez que se posan en otra flor, algunas de las bolas que recogieron se caen en el canal reproductivo de la flor. Esto es lo que hace que las flores germinen y crezcan. Los estudios han demostrado que las abejas melíferas colaboran en más del 30% de las cosechas de todo el mundo.

9. Se puede ganar dinero criando abejas

Se puede ganar un poco de dinero extra criando abejas. Parte de este dinero extra puede provenir de agricultores que quieran usar tus enjambres cada temporada. Cultivadores y granjeros necesitan enjambres para la polinización y están dispuestos a pagar una cantidad apreciable de dinero para tomarlos prestados para que los ayuden a mejorar la productividad de sus cultivos. Algunos apicultores profesionales se ganan bien la vida con solo alquilar enjambres a agricultores que los necesitan.

10. La agricultura se basa en las abejas

Varios aspectos de la agricultura que incluyen tanto las cosechas como la ganadería dependen de las abejas. El valioso servicio que añaden las abejas al experimento natural hace que ranchos, granjas y ganadería tengan la posibilidad de prosperar, pues sin abejas las granjas sufrirían. Muchos cultivos dependen de la polinización por las abejas. Asimismo, las abejas polinizan trébol y alfalfa, que se usan para alimentar al ganado. Una escasez de trébol y alfalfa haría difícil criar y mantener a los animales. Aparte del aspecto comercial de la agricultura, las abejas también polinizan plantas, flores y árboles en la naturaleza silvestre.

11.   Para salvar la población decreciente de abejas

La mayoría de los apicultores están orgullosos y satisfechos al darse cuenta de que están ayudando a equilibrar las poblaciones decrecientes de abejas. Tristemente, se han combinado diversos factores a lo largo de los últimos veinte años para reducir gravemente las poblaciones de abejas en todo el mundo. La apicultura es buena porque refuerza la actividad para aumentar las poblaciones de abejas.

12.   El conocimiento de la apicultura está desapareciendo gradualmente

Un factor que contribuye al declive de la población de abejas es el hecho de que la gente ya no se toma la apicultura como un trabajo. No hay ninguna diferencia entre cultivar el campo o criar ganado, mientras que la apicultura ha existido durante años. El problema de la apicultura es que no se lleva a cabo de forma industrial. La apicultura es especialmente intensiva en mano de obra. Y como las abejas son tan sutiles, es extremadamente difícil para los apicultores trabajar de una forma tan masiva como una escala equivalente a la de una granja industrial. La verdad es que los apicultores profesionales y con experiencia están abandonando el trabajo y muriendo. La muerte de cualquier apicultor significa que desaparece cierto nivel de conocimiento apícola en el mundo. Y sin un número adecuado de nuevos apicultores que continúen la actividad no hay nadie que obtenga conocimientos de ellos. La apicultura es un proceso altamente profesional que emplea técnicas, conocimientos y habilidades equilibrados. No es fácil de industrializar. Si seguimos dejando que los conocimientos y experiencias de la apicultura mueran con los apicultores que los tienen, podríamos llegar al punto de que la mayoría de la gente no sabría cómo criar abejas y sería terrible si en esa situación ocurriera algún colapso de colonias grave. Nos resultaría extremadamente difícil aumentar la población de colmenas, tanto de las artificiales como de las silvestres, si no podemos motivar a gente joven y sin experiencia para que empiece a criar abejas.

13.　Las abejas son parte del sistema de distribución de alimentos

La apicultura es asimismo importante para la cadena trófica universal. Hay dos cosas a evaluar aquí, empezando por el hecho de que las abejas melíferas tienen depredadores biológicos. Las abejas son presa de otras especies de animales como pájaros, mamíferos y reptiles pequeños e incluso otros insectos, debido a su pequeño tamaño. La disminución de la población de abejas es perjudicial para estos diversos depredadores debido al correspondiente decrecimiento en su suministro de comida. Si no hay un número suficiente de abejas para atender la necesidad de alimento, estos depredadores empezarán a buscar comida suplementaria. Esto afecta a la cadena trófica natural. Otra cosa por advertir es que las abejas contribuyen tanto a los suministros alimentarios humanos como animales. Las abejas polinizan plantas y un colapso en las poblaciones de abejas dificultará a los granjeros la obtención de cosechas. Además, las abejas polinizan el grano que usamos para alimentar a los animales. Además, la reducción en la población de abejas también afecta al suministro de alimento de los animales herbívoros, ya que las plantas necesitan la polinización para germinar.

14.   Las abejas dependen de los humanos

Los humanos son una especie inteligente que usa dicha inteligencia para relacionar la ciencia con la situación actual. Los humanos somos distintos en el sentido de que tenemos un conocimiento que podemos aplicar a las distintas situaciones. Los seres humanos tienen la capacidad de descubrir estrategias que permitan la supervivencia de otras especies. Esta capacidad es uno de los diversos potenciales que nos hacen muy distintos de las demás criaturas. Los seres humanos tienen la capacidad de preservar y aumentar la decreciente población apícola.

IMPORTANCIA SOCIOECONÓMICA DE LA APICULTURA

En general, se cree que un tercio del alimento que comemos cada día depende de la polinización, especialmente por medio de abejas. Muchas frutas y verduras, flores y cosechas locales e importadas necesitan polinización. Por ejemplo, manzanas, peras, habas, judías verdes, habichuelas, fresas, arándanos, frambuesas, moras y cultivos comerciales dependen totalmente de las abejas. Como consecuencia de una creciente actividad en la zona que potencia el cultivo, este puede beneficiarse indirectamente al estar en un hábitat en el que existan abejas, aunque la cosecha no sea polinizada directamente por ellas. Las abejas melíferas también pueden polinizar el trébol y la alfalfa, que sirven de alimento para el ganado, de forma que las abejas también son importantes para el sector cárnico y lácteo. Ese esencial criar abejas para la producción de miel. Las abejas también desempeñan un papel importante en la polinización de otros cultivos, como el algodón y el lino. Las abejas son también importantes para la fabricación de cera (que se usa en productos cosméticos y de limpieza), propóleo, polen (pan de abeja), jalea real y veneno de abeja (usado en alimentación y medicina).

LOS PROBLEMAS DE LA APICULTURA

La apicultura es una práctica que conlleva dificultades en su práctica. Los problemas más comunes de la apicultura incluyen:

1. Ignorancia de dónde conseguir conocimientos

Como todas las actividades, la apicultura es una empresa basada en habilidades y requiere algún tipo de formación para entender cómo llevarla a cabo. Por tanto, es esencial obtener un cierto nivel de comprensión antes de empezar. Conocimiento y comprensión previos ahorran tiempo, capital y, lo que es más importante, ayudan a tus abejas a mantenerse fuertes. La apicultura es una actividad antigua que ha pasado de generación en generación. Actualmente, la gente tiene más confianza al tener el privilegio de leer y aprender todo lo que quiere saber o incluso realizar un curso de apicultura antes de empezar a dedicarse a ello. La práctica de la apicultura requiere un aprendizaje continuo, porque normalmente tiene sus dificultades, independientemente del nivel de experiencia. Siempre hay algo que aprender acerca de la escasez de un néctar, una enfermedad, el tiempo o incluso los problemas del mercado. Para aprender sobre apicultura, se pueden tomar cursos o unirse a una asociación de apicultores y crear lazos con apicultores expertos.

2. Los problemas que se encuentran en la primera colonia

Conseguir abejas para la primera colonia puede ser un problema para los apicultores principiantes. Algunas de las formas de empezar son:

- Comprar localmente un núcleo de colonia (normalmente llamado nuc)

- Capturando enjambres silvestres

- Comprando paquetes de abejas

Capturar los enjambres individualmente no es una buena opción para principiantes, salvo que tengan un apicultor experto que los ayude, porque la experiencia puede asustarlos y desalentarlos. La opción más sencilla para que los principiantes adquieran abejas es comprar localmente un nuc a otros apicultores. En este caso, las abejas no tendrán el estrés de haber sido transportadas y el apicultor tendrá un colega al que poder acudir cuando necesite ayuda.

3. Confusión acerca de dónde colocar una colmena

Determinar y elegir una ubicación para la colmena es un problema común que puede tener un nuevo apicultor, especialmente en tiempos recientes en los que hay cambio climático y productos químicos y la economía tiene una influencia sustancial en nuestras actividades. Los nuevos apicultores normalmente colocan la colmena en su jardín.

Esto solo es apropiado si viven en las afueras de la ciudad, pero si residen dentro de ella y están rodeados por vecinos o cerca de una avenida puede ser peligroso para ellos, pues las colmenas no deben colocarse donde puedan ser fácilmente una amenaza y un riesgo para otra gente, animales o las propias abejas. Una ubicación con una buena flora es un buen lugar para abejas. Asimismo, la ubicación debería ser capaz de proteger a las abejas de depredadores y destructores y tener cerca una fuente de agua con drenaje y luz del sol apropiada.

4. Las abejas necesitan una fuente floral

Hay aproximadamente 20.000 especies de abejas en todo el mundo y la abeja melífera es solo una de esas especies. Varios tipos de abejas melíferas han evolucionado para polinizar las especies de plantas de su entorno biológico. Por ejemplo, en Italia, a las abejas les atraen las flores de los cítricos. Si no hay flores de cítricos en su hábitat, la abeja evitará otras flores. Por ejemplo, las abejas africanizadas no sobrevivirían si se llevaran al sur de Brasil a polinizar eucaliptos, porque normalmente polinizan el Amazonas. Entender las especies de plantas nativas será útil en la práctica de la apicultura.

5. El manejo de las abejas reinas

Una colmena no puede estar sin reina. Normalmente, la mayoría de los apicultores que están empezando no pueden saber cuándo su colonia no tiene reina. Usualmente porque piensan que es normal que cambie el comportamiento de la colmena. Así que, cuando la colonia no tenga reina, no se darán cuenta.

Normalmente hay mucha miel y movimiento al abrir la colmena, porque las obreras dedicarán todo su tiempo a la búsqueda de alimento, ya que no hay larvas de las que ocuparse. Para cuando el apicultor descubra que la población de abejas ha disminuido su número y la colonia ha estado sin reina demasiado tiempo podría ser demasiado tarde y la colonia muere.

Una reina produce hasta 2.000 huevos en un solo día.

Una colonia sin reina se distingue cuando no hay nueva generación durante la estación cálida. Otra cosa que puede pasar es que la vieja reina puede flaquear y no producir los huevos suficientes como hacía antes o la colonia parece comportarse de manera diferente o es improductiva. Estas son indicaciones y pistas de que la reina ha de ser reemplazada.

Hay muchas maneras de reemplazar una reina. En general, hay una probabilidad relativamente elevada de aprobar una nueva reina. Las propias abejas pueden incluso facilitarte las cosas decidiendo por sí mismas y eligiendo una nueva reina. Si empiezas con una nueva reina, asegúrate de que la anterior ya ha muerto o se ha ido antes de hacerlo. Si pierdes el tiempo antes de presentar la nueva reina, las obreras empezarán a poner huevos no fertilizados que posteriormente se convertirán en zánganos.

6. La salud de tu colonia

La apicultura a veces es difícil, pues requiere un aprendizaje continuo. No pueden evitarse algunos casos de muertes ocasionales de colonias. Pero mantener una colmena sana es un factor importante en la apicultura. La gente ha llevado abejas melíferas europeas por todo el mundo y estas han contraído enfermedades extrañas. A medida que los apicultores trasladaban sus colonias a diversas localidades, infecciones y parásitos iban circulando por todas partes. La varroa es un gran problema para los apicultores y las abejas en todo el mundo.

Este parásito se pega a las abejas y sorbe su sangre y debilita a las abejas hasta morir. Se extiende muy rápido en colonias y apiarios. Tienen una gran capacidad de reproducción y esto lo hace peligroso y problemático para los apicultores. Otros parásitos de las abejas son el pequeño escarabajo de las colmenas, las polillas de la cera, el loque, el nosema, la ascosferosis, el virus de la cría en saco y algunas enfermedades como el virus de las alas deformadas.

Estos parásitos, infecciones y enfermedades son un problema constante para los apicultores y es sin duda esencial saber cómo gestionar la salud de las abejas en una colonia, porque esta determina su bienestar.

Mantener una colonia de abejas tiene una importancia de salud natural y todo apicultor tiene distintas maneras de hacerlo. Algo que hay que señalar es que una mala práctica de gestión genera un impacto bajo. Unas pocas pistas sobre la gestión son:

- No mezclar una colonia que está colapsando con una sana.

- No usar el mismo equipo usado en una colonia que está colapsando o está enferma en otra colonia sin esterilizar el equipo.

- Disminuir el grado de exposición a pesticidas de tus colonias.

- Estudiar y conseguir información acerca de buenas prácticas de gestión que usan los apicultores de éxito.

7. Precio de la miel y demanda del mercado

Para los apicultores que cuidan abejas con ánimo de lucro, la razón principal por la que abandonan la apicultura es que los gastos y costes pueden llegar a ser más altos que el precio del producto. Por tanto, la principal explicación de por qué un apicultor deja la apicultura es porque el mercado a veces puede expulsarlo.

Por ejemplo, el 30% de los apicultores que formaban parte de los grandes exportadores locales de miel de Uruguay han abandonado la actividad. Quienes practican la apicultura como afición pueden no tener este problema. Sin embargo, posteriormente pueden producir más miel de la que puede comer o consumir y pueden querer vender parte de ella. La apicultura se considera una forma aceptable de que la gente se gane la vida y está apoyada por la mayoría de los gobiernos. Los precios de la miel suelen variar mucho. La miel también sigue las fuerzas de la oferta y la demanda. Los grandes productores de miel ganan o sufren las consecuencias de una escasez o una abundancia en el otro extremo del mundo.

8. Escasez de néctar

Una falta de néctar significa escasez de flores que lo producen. Esto ocurre normalmente en invierno. Un nuevo apicultor puede encontrar difícil definir y gestionar una escasez de néctar (especialmente las que se producen en verano). Sequías, pocas lluvias y exceso de calor causan la falta de néctar que se produce en verano. Lo que ocurre durante una escasez aparte de la falta de flores que lo producen es que una colonia poderosa podría tratar de robar néctar del almacén de una más débil. Una colonia podría perder su suministro de alimento y producirse una guerra entre abejas que dé a sus depredadores, como los avispones, la oportunidad de atacar y destruir la colonia.

Otro efecto es la transferencia de parásitos de una colonia vulnerable a una más fuerte. Esta es una de las causas de que una colonia fuerte colapse en unas pocas semanas y de que el apicultor se quede preguntándose qué ha pasado. Una vez se detecta una escasez de néctar, pueden adoptarse las siguientes medidas para proteger a las abejas:

i. **Alimentar a las abejas con sirope:**

No hay que poner un comedero a la entrada de la colmena. Así se evita atraer a otras colonias a la colmena. Usa un comedero interno para almacenar la comida dentro de la colmena. Evita aceites esenciales u otros productos pensados especialmente para faltas de néctar cuando se las alimenta. Estos atraerán abejas incluso desde lugares lejanos. Pon el néctar dentro de la colmena y las abejas encontrarán la comida.

ii. **Limita la entrada a la colonia:**

Cubre las aberturas superiores. Es lo primero que hay que hacer para proteger a las abejas, vayan a ser alimentadas o no.

iii. **Elimina los comederos generales o los marcos húmedos cerca del apiario.**

Esto evitará que las colonias más fuertes ataquen a las más débiles.

Los problemas serán más fáciles de solucionar una vez se aporte investigación, aprendizaje y experiencia. Una razón por la que la apicultura es una afición increíble es que es muy diversa en la práctica.

CAPÍTULO 3

HISTORIA DE LA APICULTURA

Durante muchos siglos, la miel y las frutas fueron los únicos dulces conocidos por la humanidad, así que abejas y miel fueron predominantes en la mayoría de las sociedades antiguas. La Biblia cristiana está llena de alusiones a abejas y jarras de miel. La cera de las abejas se usaba en arte y como impermeable para telas, protector de metales y en tablillas de escritura. Al principio, la gente solo buscaba abejas en huecos de árboles o cavernas y destruían sus nidos para conseguir la miel y la crea, pero en torno al 2400 a.C. los antiguos egipcios habían aprendido a cuidar abejas en cerámicas y potes y no tenían que matar sus colonias en el momento de la cosecha.

Los antiguos griegos y romanos criaban abejas a su manera e incluso España tenía apiarios comerciales. Luego, en la Edad Media, hubo pocos avances en apicultura. Sin embargo, en los monasterios, el único oasis de alfabetización en esos tiempos, criaban abejas que se usaban para producir cera para velas y para conservar antiguos textos griegos y romanos.

Tras la Edad Media, a partir del siglo XVI, los apicultores empezaron a cortar árboles que contenían nidos de abejas y a mantener la sección del tronco como colmena. Fue en este momento en el que aparecieron las famosas colmenas de paja.

Está documentado que cuando los europeos descubrieron América pronto llevaron abejas melíferas. No puede determinarse con certeza la fecha y ubicación reales de cuándo y cómo se produjo la introducción de las abejas en Norteamérica, pero en la década de 1640 ya estaban muy extendidas a lo largo de la Costa Este.

Muchos de los descubrimientos más importantes en apicultura se realizaron en el siglo XIX. En la primera parte de ese siglo hubo muchos experimentos para inventar la colmena perfecta, lo que generó algunas ideas extravagantes. Pero posteriormente el estadounidense Lorenzo Lorraine Langstroth observó que las abejas silvestres mantenían un espacio de 5 a 9 milímetros en torno a sus panales. Dentro de este espacio, las abejas no construirán panales, sino que lo dejarán abierto para permitir los movimientos en la colmena. Usando este principio de espacio apícola, Langstroth creó la primera colmena que usaba panales móviles e intercambiables.

Esta novedad ayudó de forma importante al rápido crecimiento y estandarización de la apicultura en Estados Unidos. A la invención de Langstroth le siguió rápidamente la base de cera para construir panales de tamaño estándar, un extractor básico de miel y un ahumador para calmar a las abejas. Después de más de 100 años, estas mismas tecnologías con solo unos pequeños cambios son hoy el patrón básico del sector, lo que es un testimonio del genio entrañable de sus inventores.

LA EVOLUCIÓN DE LAS ABEJAS Y LA APICULTURA

Hace más de 50 millones de años, las abejas se separaron del suborden de las avispas y pasaron de las proteínas animales a las vegetales. Las abejas y las flores evolucionaron al tiempo, ya que las plantas con flores necesitaban polinizadores móviles para procrear y las abejas necesitaban el polen.

La relación entre plantas y abejas puede describirse como parte del origen fundamental de las relaciones entre abejas y seres humanos, como puede verse en las cuatro etapas iniciales de dicha relación entre hombres y abejas.

La primera de estas etapas iniciales de la relación entre hombres y abejas fue la etapa de la caza de abejas. Es una época predominantemente caracterizada por la búsqueda de miel, porque se veía como una importante fuente de sabores dulces en ausencia o insuficiencia de bayas y porque se esperaba que las abejas protegieran la miel, que era el alimento recogido y procesado posteriormente.

Finalmente, los apicultores descubrieron que el humo era una herramienta vital en la recogida de miel, porque ayuda a debilitarlas o calmarlas, dando un fácil acceso a la colmena a los recolectores de miel o apicultores.

Hay registros que dicen que hace unos 4.000-5.000 años, los egipcios fueron los primeros en construir colmenas para la producción apícola usando materiales cerámicos. En las colmenas artificiales, las abejas criaban a sus jóvenes en un extremo mientras producían miel en el otro. Con el paso del tiempo, los egipcios fueron capaces de desarrollar un sector productivo en el que colocarían las colmenas donde las abejas podían acceder a suficiente néctar a lo largo del río Nilo para tener producción durante todo el año. Este es un ejemplo de lo que pueden describirse como fases evolutivas de la apicultura en la historia humana. Progresivamente, en la parte norte de Europa, hay registros de que la gente empezó una tradición de recoger enjambres de abejas y también de empezar la cría de abejas en troncos de árbol.

Como las abejas tenían dueños independientes, los primeros pueblos establecieron maneras de identificar y marcar sus enjambres independientemente de dónde se encontraran, especialmente durante los periodos de cosecha. Según el profesor John Free, la primera apicultura en Europa central recibió un fuerte impulso con la extensión del cristianismo, porque las iglesias necesitaban velas y todo rabino y monasterio tenía su propio apiario y muchas de las personas que trabajaban o alquilaban tierras de la Iglesia también cuidaban abejas para pagar parte de la renta anual con cera. Igualmente, la construcción de colmenas artificiales en el norte de Europa siguió la progresión habitual en forma de patrón evolutivo de troncos de árbol suspendidos y luego empezaron a fabricar colmenas de paja que con el tiempo se han considerado una de las invenciones más elegantes de la apicultura. Estas colmenas usan un material similar al de los sombreros hecho con paja construido en forma de cuenco invertido. Estas cestas de paja entretejidas e invertidas se extendieron hasta el punto de que hoy continúan siendo uno de los símbolos de la apicultura.

Las cestas eran fáciles de fabricar y transportar. También podían usarse para guardar el aumento en la producción del flujo de miel, pero no eran inmunes al clima y gradualmente evolucionaron a lugares protegidos con paredes de piedra llamados cortines, que todavía pueden verse hoy en países como Francia, Suiza e Italia. A principios del siglo XVII, un español llamado

Luis Méndez y un inglés llamado Charles Buttler concluyeron que la cabeza de la colmena es una hembra y no un macho, lo que contradecía la afirmación hasta entonces popular de Shakespeare de que la cabeza de la colmena era una abeja rey. Posteriormente, entre los siglos XVI y XIX, aficionados con talento buscaron formas de conseguir un mayor control sobre las abejas e idearon un modo de recoger la miel sin matar a las abejas, lo que había sido el método tradicional de extracción de miel al final de cada estación.

Incluso para Charles Darwin la naturaleza de las abejas planteaba un dilema intelectual, pues cuando formulaba su concepto de evolución, que en parte se centraba en cómo las obreras infértiles se reproducen y florecen con éxito,

Darwin acabó dándose cuenta y concluyendo que la selección natural puede aplicarse tanto a la familia como al individuo y puede así alcanzar el fin deseado. Charles Darwin aportó la idea de que la colmena puede considerarse como un superorganismo con la reina en lo alto con aproximadamente tres o cuatro mil zánganos y unas cincuenta a sesenta mil obreras en ella.

Debido a su naturaleza observada, los zánganos son ejemplos de aquello a lo que se califica biológicamente como haplodiploidía, que significa que no tienen padre, pero tienen abuelo. Los datos indican que las abejas melíferas se introdujeron primero en Norteamérica, lo que dio lugar a colmenas imperfectas. Posteriormente, el principal problema para los apicultores fue el de extraer la miel de las colmenas sin matar a las abejas. Esto llevó a varios intentos de muchas personas para crear una colmena perfecta que resolviera este problema. Finalmente, un pastor luterano de Filadelfia llamado Lorenzo Langstroth desarrolló la idea de construir un marco de madera que imitaría las actividades en la colmena y hacer divisiones entre los panales de forma que, durante la extracción de la miel, dichos marcos pudieran extraerse fácilmente, sacudirse para que se vayan las abejas, sacar la miel y poner el marco de nuevo dentro de la colmena, evitando así dañar a las abejas durante las extracciones.

Esta idea ha sido la base sobre la que se ha creado la apicultura moderna. Posteriormente un alemán construyó la matriz que se usa para producir la cera a través de un extrusor que imita las celdas hexagonales de los panales con el que la cera puede apretarse en su interior y obtenerse en láminas. En la década de 1870 un checo inventó un extractor que parece una lavadora en el que pueden ponerse los marcos y sacar la cera y la miel haciéndolos girar. Luego estas pasan por el separador y la miel se extrae y embotella. Todo esto se extendió gradualmente por el mundo y potenció el desarrollo de la apicultura. Igualmente, un neoyorquino llamado Moses Quinby inventó el ahumador, cuya función era calmar a las abejas, especialmente durante los procesos de extracción de miel.

La idea tras la creación y el uso de los ahumadores es la consecuencia de un conocimiento previo acerca del modo de interacción de las abejas que se produce principalmente por el olfato y así usando el humo se hace que las abejas perciban al apicultor como una amenaza menor. Con el paso del tiempo hubo más interés, especialmente por los apicultores, por mejorar la carga genética, ya que se prefería una especie concreta de abejas llamada la abeja negra alemana.

En el siglo XIII, el azúcar tenía cincuenta veces el valor de la miel, pero hoy la miel tiene ocho veces el precio del azúcar.

A finales del siglo XVIII, dos alemanes se dieron cuenta de que las abejas eran polinizadores muy importantes. También Darwin llegó a esa conclusión de que las abejas eran una parte muy importante de la procreación de las plantas y la productividad en general. Esos descubrimientos, así como la plantación de cosechas de un solo tipo, han llevado a un aumento proporcional en la polinización como negocio en Estados Unidos, especialmente después de la Segunda Guerra Mundial.

Por ejemplo, en California se producen cerca del 80% de las almendras del mundo y eso son unos 3.500 kilómetros cuadrados de terrenos y cada dos de ellos necesita una colmena para ser polinizado.

En la práctica, esto se traduce en que aproximadamente dos tercios de todas las abejas en Estados Unidos tienen que ir a California en enero para polinizar los almendros. Esta circunstancia ha llevado a un auge de otro sector en el negocio apícola, que es la polinización comercial de cultivos para los granjeros.

Por ejemplo, en Estados Unidos, se calcula que el valor anual de la miel está en torno a los cuatrocientos millones de dólares, mientras que las perspectivas estimadas anuales de polinización en los mismos Estados Unidos son de unos treinta mil millones de dólares, que suponen casi sesenta veces el valor de la miel producida por las abejas.

LA DESAPARICIÓN DE LAS ABEJAS

En 2006, un apicultor en Florida perdió todas sus colmenas, lo que supuso un gran misterio sobre cuál fue la causa. El misterio llevó a lo que se describió como un colapso de colonias (CCD, por sus siglas en inglés), con lo que aparecieron varias teorías que intentaban resolver dicho misterio.

Una de esas teorías decía que era el resultado de la introducción de nuevas clases de pesticidas en unas pruebas de producción de cosechas, mientras que otros la atribuían a unos posibles ataques de ácaros parasitarios. Otro grupo opinaba que la causa era el cambio climático, especialmente debido a la observación de que la mayoría de las abejas a menudo abandonan las colmenas y no debería haber ninguna abeja muerta alrededor de la colmena.

Igualmente, otra teoría fue que el rápido desarrollo del uso de teléfonos móviles y una mayor actividad en las ondas electromagnéticas habría afectado al sistema de orientación de las abejas, lo que habría afectado a su capacidad para encontrar alimento y volver a sus colmenas respectivas.

Ninguna declaración muestra tanto la frustración por esta desaparición como la de un investigador apícola de la Universidad de Colorado llamado Breed. En unas declaraciones decía: «Las abejas estaban bien en otoño, pero, a mediados de la primavera sencillamente desaparecieron». Breed ha estudiado y trabajado con abejas durante 35 años. Ha perdido constantemente nuevas colonias de abejas cada primavera.

Pero desde que los CCD empezaron a tener un impacto en sus abejas, ha tenido que solicitar cada vez más colonias cada año. Nunca había encontrado que una colonia de abejas sencillamente se desvaneciera antes de 2005. Y en el momento en que su colonia colapsaba, las colonias de los apicultores cercanos también colapsaban.

La situación es ahora mismo tan extraña que la Asociación de Apicultores del Norte de Colorado tiene que transportar cientos de paquetes de abejas cada primavera para reemplazar las que se han desvanecido.

La razón concreta que está causando los CCD sigue siendo un misterio. Entre los sospechosos iniciales estaban los parásitos que penetran en las colmenas, especialmente el ácaro varroa chupador de sangre.

Posteriormente, un grupo de científicos obtuvo datos que relacionaban la causa con unos pesticidas concretos. Otros biólogos han relacionado la situación con enfermedades e infecciones, siendo algunas causadas por virus. Ahora los científicos suponen que parásitos, pesticidas e infecciones se combinan para producir un triple efecto. Los pesticidas pueden debilitar inicialmente a las abejas. Eso hace que se debiliten hasta el punto de no poder soportar las infecciones y plagas que normalmente no las habrían matado, ni luchar contra ellas.

Breed también afirma que el cambio climático de la tierra empeora las cosas. Un cambio climático puede dar lugar a sequías o generar inundaciones que afecten a la disponibilidad de las flores que necesitan las abejas. Esto hace que se vuelvan muy susceptibles. Las obreras sí realizan tareas en la colmena. Las abejas nodrizas cuidan de las larvas. Las abejas pecoreadoras recogen y almacenan alimento.

Un pequeño número de abejas guardianas vigilan la entrada a la colmena frente a los ladrones de miel. Y algunas abejas inspeccionan la colmena en busca de abejas enfermas o muertas. Estas abejas «sepultureras» transportan las abejas muertas y sus restos fuera de la colmena. Si los insectos empiezan a enfermar, los apicultores deberían tener pistas cerca de la colmena.

Otra razón dada para la desaparición de tantas colonias es que las abejas se pierden. Christopher Connolly, un neurocientífico de Escocia que analiza los cerebros de las abejas supone que pueden estar olvidando su camino de vuelta a casa. Connolly tiene curiosidad por saber cómo afectan los pesticidas a los cerebros de las abejas. Las abejas melíferas pueden encontrar pesticidas en varias zonas. La gente trata las colmenas con pesticidas para matar a los ácaros verroa. Cultivadores y jardineros tratan las plantas y flores de los que se alimentan las abejas con productos químicos para eliminar insectos y otras plagas. Incluso el jarabe de maíz azucarado que la mayoría de los apicultores dan a sus abejas durante el invierno puede incluir pequeñas dosis de los productos químicos que los agricultores han usado para cultivar el maíz. Conolly dice que la mayoría de las veces las abejas solo están en contacto con pequeñas porciones de estos productos químicos.

Normalmente, estos contactos serían demasiado insignificantes como para matarlas. Sin embargo, habría al menos pequeñas dosis moviéndose alrededor del cuerpo de una abeja. Aproximadamente, un tercio podría llegar a su cerebro. Y eso puede ser bastante como para perturbar a la abeja.

Infecciones, pesticidas y parásitos no son las únicas amenazas a las que se enfrentan las abejas. Las abejas melíferas se enfrentan a otra amenaza. Profesionales de la Universidad de Southampton, en Inglaterra, descubrieron que la contaminación de camiones y automóviles es capaz de eliminar el olor que guía a las abejas hacia la comida. Las abejas pecoreadoras encuentran la mayoría de las flores por su olor.

Las abejas melíferas usan toda la mezcla de fragancias para localizar el tipo de flor que prefieren. Cuando deja de existir una parte de los productos químicos, las abejas ya no perciben el olor remanente. Debido a esto, desaparece el olor que las abejas han estado siguiendo para conseguir comida. La contaminación de los automóviles puede reducir en parte el olor de una flor. Cuando las abejas no pueden encontrar el olor de la flor, probablemente no encuentren la comida y esto puede causar hambre en la colonia.

LOS EFECTOS DE LA DESAPARICIÓN DE LAS ABEJAS

Las abejas están en lo alto de la lista de las especies esenciales. Las abejas melíferas generan unos 30.000 millones de dólares al año en cosechas. La desaparición de las abejas melíferas significa un planeta sin miel. Son importantes polinizadoras que llevan a cabo una función vital en la producción de diversos tipos de alimentos, incluidas las frutas. Y esto se debe a que las abejas melíferas polinizan flores y cosechas, fertilizando así las plantas. Muchas plantas no producirían frutos sin polinización y además los cultivos también se usan para alimentar al ganado. Esto indica que un planeta en el que no existan las abejas podría tener problemas para mantener a los siete mil millones de personas que constituyen la raza humana.

Por tanto, menos abejas significa limitación en los tipos de alimento. Todas las plantas que normalmente polinizan las abejas no dejarían de fertilizarse y perderíamos el ganado que come esas plantas. La polinización es esencial hasta el punto de que muchos granjeros alquilan abejas a colmeneros profesionales.

En las regiones agrícolas, las colonias de abejas melíferas que están desapareciendo pueden generar un grave problema para la fertilización de cosechas y el suministro de comida. Sin embargo, una investigadora en la Universidad de Rutgers en New Brinswick, llamada Rachael Winfree sugiere que esas abejas melíferas que están desapareciendo podrían no ser una amenaza grave para todos los granjeros por igual. Según ella, en su región, los terrenos de cultivo están normalmente en lugares donde hay polinizadores silvestres. Las plantas que se fertilizan mediante una combinación variada de polinizadores producen más fruto que las polinizadas por unas pocas especies. Las abejas silvestres son especialmente importantes. Hay abejas nativas que pueden no ser percibidas por los apicultores.

Varias abejas silvestres pueden polinizar flores que las melíferas no pueden. Por ejemplo, un abejorro hace un trabajo mejor a la hora de polinizar tomates que las abejas melíferas. Además, las abejas no son los únicos polinizadores, polillas, murciélagos y otras criaturas ayudan a transportar el polen.

RECOMENDACIONES ANTE LA DESAPARICIÓN DE ABEJAS

Mientras los expertos investigan y buscan pesticidas más seguros para las abejas, la población en general puede apoyarlas plantando flores nativas y dejando áreas sin cultivar en nuestros jardines. Las abejas silvestres nativas normalmente anidan en esos lugares.

Esto ayudará a asegurar que haya más abejas disponibles para la próxima temporada. Todos los investigadores recomiendan limitar o evitar el uso de pesticidas alrededor de nuestras viviendas. La mejor manera de hacer esto es emplear una gestión integrada de las plagas que sea más útil y favorable para el medio ambiente. Los pesticidas no desaparecerán del todo. Estos aseguran que las plagas no destruirán las cosechas de las que depende la alimentación de la gente.

CAPÍTULO 4

EL PROCESO APÍCOLA

Creando una colmena

A la hora de crear una colmena, el primer paso es determinar dónde colocarla. Todo el equipo, incluyendo los elementos de la colmena, el ahumador y las herramientas se pueden comprar en tiendas en línea. Es mejor empezar con equipos nuevos para evitar cualquier problema inesperado.

Paso 1: Colocar las abejas en la caja de cría

Para hacer espacio para las abejas, saca algunos marcos de la caja de cría. Es esencial rociar a las abejas con agua azucarada para tranquilizarlas y disponerlas para quedarse en su nueva colmena. Con unas pocas sacudidas de la caja de cría, la mayoría de las abejas encontrarán su camino al interior de la colmena.

Paso 2: Reemplazar los marcos

Después de llevar las abejas al interior de la caja de cría, empieza a colocar los marcos de nuevo en la caja lentamente para no dañar a las abejas. Pon todos los marcos en la caja.

Paso 3: Colocar la reina

Quita un tapón en un extremo de la caja de la reina y sustitúyelo con un trozo de golosina de malvavisco, asegúrate de que las obreras comen el premio. Hacer que las abejas perciban las feromonas de la reina hará que la reconozcan. La caja está colocada entre dos marcos en el centro de la caja de madera.

Paso 4: Alimentar a las abejas

La tapa interior debería colocarse encima de la caja de cría. Es importante alimentar a las abejas con una solución de azúcar y agua, en relación 2:1, mientras se está construyendo la casa. Unos pequeños agujeros en la tapa del tarro dan acceso a las abejas para alcanzar el líquido. Aliméntalas con la solución de agua y azúcar hasta que empiecen a sustituirla por el néctar primaveral de la zona.

Paso 5: Acabar el ensamblaje

El comedero se coloca en la segunda caja. Una vez se coloca el techo de la colmena, deja que las abejas actúen por su cuenta durante tres a cinco días. Después de ese plazo, vuelve para comprobar que la reina ha sido liberada.

FACTORES PARA LA UBICACIÓN DE LAS COLMENAS

Hay que considerar los siguientes factores cuando se planifica una ubicación para tu colmena.

Disponibilidad de néctar y polen: Las abejas melíferas pueden viajar hasta cuatro kilómetros o más en busca de comida, pero prefieren tenerla accesible sin tener que viajar lejos para conseguirla, al menos a 250-450 metros de la colmena. Coloca tu colmena donde haya alimento disponible durante toda la estación.

Las abejas necesitan un acceso fácil a agua: Las abejas, como todos los demás insectos y animales, necesitan agua para vivir. Beben agua, la usan también para hacer líquida la miel cristalizada y fabricar pan de abeja, que usan para alimentar sus larvas. Crea un pequeño estanque artificial cerca de las colmenas si no hay disponible ninguna fuente natural de agua.

Colocarlas al sol: Las colmenas deberían orientarse hacia el sur con una dosis razonable de exposición y también una sombra parcial o una luz tamizada pueden ser buenas para la colmena, especialmente durante lo más caluroso del verano.

Protección frente al viento: Coloca las colmenas junto a árboles pequeños o en los límites de un bosque, junto a una choza, una cabaña u otra construcción aneja para que las colonias estén protegidas contra vientos fuertes y persistentes. Esto es especialmente necesario para la gente que vive en regiones en las que el invierno puede enviar vientos fríos a las colmenas.

Mantener secas las colmenas: Las abejas son vulnerables y sensibles a las enfermedades producidas por los hongos en lugares húmedos. Así que hay que seleccionar un lugar seco para las colmenas y asegurarse de que tiene un buen sistema de drenaje en caso de largos periodos de lluvias. Trata también de que las colmenas estén un poco inclinadas para que la humedad que se acumule dentro de ellas salga al exterior en lugar de caer sobre las abejas.

Proteger a las colonias frente a pesticidas dañinos: Insecticidas, herbicidas y fungicidas influyen en la salud de las abejas melíferas de una forma u otra. Coloca tu colmena donde no haya amenazas de productos químicos para garantizar la salud de tus abejas.

Proximidad de actividades humanas: Coloca tu colmena lejos de lugares comerciales y lugares donde se lleven a cabo actividades humanas. No coloques tus colmenas en lugares cercanos a escuelas, mercados, hospitales, parques infantiles, carreteras, etc. porque las abejas pueden atacar y picar a las personas.

En resumen, determinar la ubicación de las colmenas es muy necesario para una apicultura con éxito. Una mala colocación de una colmena puede causar una menor producción de miel y un aumento en el coste de producción. Asimismo, no colocarla apropiadamente puede causar conflictos con personas debido a la amenaza que suponen las abejas. Por tanto, es importante determinar los factores que mejorarán la salud y las actividades de las abejas para una mayor producción de miel. Una colmena adecuadamente ubicada es duradera y rentable durante mucho tiempo.

CRÍA DE ABEJAS

Las abejas, como cualquier otra criatura viviente, poseen rasgos buenos y malos, que pueden pasar de un linaje a otro. Es normal entre los agricultores seleccionar los mejores rasgos en animales e insectos de granja. Para crías mejores abejas, se necesitan hembras (reinas) y machos (zánganos). La reina de una colonia fuerte es ideal para aparearse con el zángano deseado. Los genes de los zánganos no pueden controlarse del todo. La mejor manera de influir en los genes es saturar la zona con zánganos sanos de colonias con las cualidades preferidas.

Independientemente de cómo se quieran criar reinas, tienes que asegurarte de dar oportunidades a tu sistema. Limita el uso de tratamientos químicos y asegúrate de que las abejas tienen abundancia de polen y miel. Al seleccionar los rasgos, algo que hay que tener en cuenta es que algunos son más heredables que otros. En la cría, los rasgos más preferibles y apropiados a buscar en el caso de las abejas melíferas incluyen:

Resistencia a las enfermedades: Los criadores de abejas están mejorando estas para que resistan aún mejor las enfermedades. Esto se puede lograr seleccionando entre las colonias más fuertes que necesiten menos tratamientos.

Dureza: La dureza estacional es especialmente importante para los apicultores que tienen inviernos largos y gélidos. Un invierno muy frío que dure 10-12 semanas no es amigable y puede afectar a la supervivencia de las abejas. Es bueno criar usando colonias sanas y fuertes que puedan soportar largas olas de frío. Estas colonias fuertes producen suficiente miel como para que les dure durante el invierno. Reducen la cría en otoño y empiezan en primavera a aumentar sus cifras de forma que pueden aprovechar el néctar de esta estación. Una colonia fuerte, productiva y sana puede soportar un invierno en el norte y estos son rasgos buenos y preferibles.

Mansedumbre: La mansedumbre es un rasgo esencial que deben tener las abejas, porque a ningún apicultor le gusta que le piquen. También es algo muy beneficioso. La mansedumbre en una colonia puede ponerse a prueba moviendo enérgicamente una vara con una tira de cuero negro en su extremo sobre una colmena. Esto asustará a las abejas, que irán a picar la tira de cuero. En unos dos minutos o menos, cuenta los aguijones enganchados a la tira. Las colonias que menos piquen son las más mansas.

Productividad: La producción de miel es más dependiente de los factores medioambientales, como el clima, la lluvia, etc. La genética no afecta a la producción de miel, pero en caso de que una colonia produzca más miel que otra, la reina de esa colonia puede evaluarse para cría.

Atraer y colonizar

Muchos apicultores en todo el mundo aprovechan los enjambres silvestres para llenar sus colmenas. La colonización rápida de las colmenas requiere que haya muchas en la zona. Las abejas tienen que encontrar el lugar planeado por el apicultor, que sería el mejor sitio en la zona, para que lo usen como hogar. La colonización de colmenas es relativamente fácil como resultado de la naturaleza ecológica del entorno. Cuando se perturban o destruyen los recursos naturales, las colonias silvestres se destruyen a su vez y esto afecta a la colonización de colmenas y asimismo a la producción de cosechas y la biodiversidad en esa zona. Crear colmenas y atraer enjambres para su colonización deferirá y estará determinado por el entorno. Sin embargo, habrá patrones concretos que serán beneficiosos para todo apicultor que pretenda desarrollar colonias de abejas. En el primer ejemplo, independientemente de si es un sitio natural de anidamiento o de si son colmenas que haya que colonizar, si han sido previamente colonizadas por otras abejas, no será tan deseable como una colmena completamente nueva. Esto ocurre porque las abejas son capaces de percibir los olores previos de abejas que residieron allí antes.

Las partes más nuevas de una colonia de abejas muertas y el panal que se usó para criar la generación anterior son asimismo increíblemente deseables y atractivas. Aun así, esto puede ser dañino para las abejas, pues puede estar infestado por alguna enfermedad. Igualmente, se llenan enseguida de capullos de la polilla de la cera, lo que las hace poco atractivas e imposibles de usar durante un largo periodo de tiempo.

Una nueva pieza de cera en la barra superior de una colmena portátil puede atraer un enjambre. Algunas sustancias concretas son más deseables para las abejas que otras. Se ha descubierto que en las colmenas tradicionales se colonizan rápidamente las colmenas de barras superiores o de marcos. Las colmenas de plástico y otros materiales artificiales normalmente son poco atractivas, mientras que ciertos tipos de maderas pueden poseer un olor fuerte que tal vez resulte repugnante a las abejas. La madera chamuscada que se usa en las colmenas para eliminar infecciones y plagas normalmente parece ser más interesante, tal vez por los minerales accesibles para las abejas exploradoras. Algunas plantas indígenas pueden usarse como atrayentes, especialmente aquellas con aroma a limón, como el limoncillo. La mayoría de la gente lo ha intentado con vino de palma, pieles de plátano y aroma de mandioca, entre muchas otras posibles cosas que pueden conseguir diversos grados de éxito en atraerlas, pero atraerán también a las hormigas si la colmena no está correctamente dispuesta. El conocimiento local es uno de los grandes activos para un nuevo apicultor, porque los apicultores locales son normalmente los que tienen el conocimiento más apropiado y razonable para compartir.

El tamaño de cavidad, atrapador de enjambre o colmena determinan su atractivo. El tamaño varía con el tamaño de las abejas. Las abejas melíferas más pequeñas, como la *Apis cerana* o la *Apis mellifera* africana se ven atraídas por cavidades o colmenas de tamaño más pequeño. Se ha descubierto que las abejas tienen preferencias acerca de la exposición al sol de las aberturas y de si la colmena está en un lugar sombreado. Las abejas de climas templados ignorarán los lugares sombreados, mientras que las tropicales preferirán un lugar soleado. Una forma práctica de atrapar a un enjambre es utilizar una caja de atrapado de enjambres distinta colocada en una ruta conocida de abejas migratorias o vagabundas. Estas rutas se reconocen por observación o hablando con los apicultores locales. Una vez se han colonizado las abejas, los atrapadores de enjambres pueden llevarse a la colmena principal. Solo hay que trasladar los panales si se usa un panal portátil o una colmena de marcos, mientras que el atrapador de enjambres puede usarse para acumular otro nuevo.

ENFERMEDADES Y PLAGAS DE LAS ABEJAS

Mantener y hacer que las colmenas estén activas y fuertes es un aspecto vital de la apicultura moderna. La apicultura moderna tiene retos y requiere mucho aprendizaje. Hay que prever un cierto grado de pérdidas ocasionales. Los apicultores deberían estar siempre pendientes de la situación y condición de sus colonias.

Varroasis: Las varroas son unos ácaros que son los mayores enemigos de las abejas melíferas y los apicultores de todo el mundo. Estos parásitos son externos y se reproducen en las pupas de las abejas melíferas y extraen sangre de ellas. Pueden debilitar enormemente a las abejas individuales. Los ácaros se mueven entre las colonias de abejas mediante el robo. Tienen una gran capacidad para reproducirse y esto hace que estos ácaros sean difíciles de controlar por parte de los apicultores. La mayoría de los numerosos tratamientos frente a la varroa son completamente eficaces.

Acarapisosis (Acarapis woodii): Se debe a parásitos que habitan y crecen en los tubos traqueales que usa el insecto para respirar. Las infestaciones destructivas pueden destrozar negativamente la colonia, pero, como consecuencia de su tamaño microscópico, estos ácaros traqueales muchas veces pasan inadvertidos para muchos apicultores. Una mayor preocupación por la selección ha facilitado el combate biológico de las abejas melíferas con esta plaga. Además, la mayoría de los fumigadores recientes que se usan para luchar contra la varroa también sirven contra los ácaros de la acarapisosis.

Etinosis (Aethina tumida): Este diminuto escarabajo de las colmenas es una plaga intrusiva. Se descubrió por primera vez en el África subsahariana. Los escarabajos viven en casi todas las colonias de abejas melíferas en su región local, pero allí solo causan daños menores y no se consideran una plaga peligrosa para la colmena. Se desconoce cómo llegó esta plaga a Estados Unidos, pero se detectó por primera vez en el año 1998 que estaba devastando las colonias de abejas melíferas en Florida. Desde entonces se ha extendido a más de 30 estados, especialmente en el sudeste. Es razonable pensar que se haya transmitido por las abejas empaquetadas por apicultores migrantes.

Los escarabajos adultos son buenos voladores y pueden viajar varios kilómetros por sí mismos.

En Arkansas, a los escarabajos se los considera normalmente como una plaga menor u oportunista, que se limita a infligir una tremenda destrucción después de que las colonias ya se hayan visto devastadas o debilitadas por otras afecciones. Las infestaciones por escarabajos son capaces de generar una ansiedad notable en las colonias apícolas, combinadas con la preocupación por la varroa y otras enfermedades. Si se acumulan grandes poblaciones de escarabajos, incluso las colonias fuertes y sanas pueden verse vencidas en poco tiempo.

Las colonias de abejas melíferas parecen ser capaces de combatir a poblaciones relativamente grandes de escarabajos adultos con poco impacto. Sin embargo, las grandes poblaciones de escarabajos tienen la capacidad de poner numerosos huevos. Estos huevos crecen rápidamente, lo que causa una rápida devastación de los panales vulnerables en un breve espacio de tiempo. No hay un límite concreto para los pequeños escarabajos de las colmenas, debido a que su capacidad para destruir una colonia de abejas está relacionada con la vitalidad, vigor y salud generales de dicha colonia. Manteniendo colonias de abejas sanas y una baja población de escarabajos adultos, los apicultores pueden limitar el potencial de reproducción de estos últimos.

Polilla de la cera: La polilla de la cera (*galleria mellonella*) es otra plaga de las abejas melíferas que inflige grandes daños en los panales. La mejor manera de proteger a las abejas frente a las polillas de la cera es asegurarse de que las abejas están activas, fuertes y sanas. Una vez se ha eliminado el exceso de panales en una colmena, deberían protegerse de las polillas de la cera hasta los primeros fríos del otoño. Los panales pueden protegerse y defenderse mediante fumigación o manteniéndolos en un entorno sano.

Loque americana: Esta enfermedad es enormemente letal e infecciosa para las abejas melíferas y se produce por las esporas de la bacteria *Paenibacillus larvae*. La enfermedad hace que las larvas mueran después de que se cierren sus celdas. Las abejas obreras tienen dificultades para sacar las larvas ya muertas, que, además, infectan continuamente la colmena con esporas adicionales. A medida que la colmena va desapareciendo y empieza a morir, las abejas tanto de colonias cercanas como lejanas probablemente roban la miel sobrante. A medida que se mueven alrededor y a través de la colmena, también se infectan y luego llevan las esporas bacterianas a su colonia. Los antibióticos no destruyen ni eliminan estas bacterias completamente, solo de forma temporal. Las colonias que se haya descubierto que están contaminadas con la loque americana deben eliminarse quemándolas para evitar que la enfermedad se extienda a otras colmenas y apiarios cercanos. Los apicultores que sospechen que su colmena está infectada por loque deberían acudir inmediatamente a los inspectores de apiarios de su estado. Su negligencia podría poner el peligro sus colmenas y otras en torno a la zona. La loque no afecta a los humanos. Solo es peligrosa para las abejas.

Loque europea: Es otra enfermedad bacteriana que algo menos infecciosa que la loque americana. Una colonia puede recobrarse de una loque europea si se detecta en una fase temprana. Pueden usarse antibióticos para tratar la enfermedad de la loque europea. Las últimas reformas en la ley federal estipulan que los antibióticos animales solo pueden obtenerse con una prescripción válida de un veterinario competente.

Nosemosis: La nosemosis es una enfermedad causada por los microsporidios *nosema apis* o *nosema ceranae*. Estos microorganismos dañan las células de las paredes de los estómagos de las abejas melíferas. Se reproduce y daña la pared celular continuamente, dañando finalmente el revestimiento del estómago. La progresión de esta enfermedad toma tiempo para acumularse y durante este tiempo la abeja encuentra cada vez más difícil digerir la comida. Así que las abejas se vuelven vulnerables y sus intestinos se llenan de materia fecal. La nosemosis se ha relacionado previamente con las abejas en hibernación, reunidas en la colmena por un largo periodo de tiempo. Los intensos síntomas de disentería pueden volverse evidentes en la colmena y alrededor de su entrada, especialmente si no se puede limpiar periódicamente (debido al mal tiempo). La práctica de la limpieza de las abejas sanas a menudo les hace que ingieran esporas, lo que causa su infección. Generalmente, la enfermedad se desvanece una vez que el tiempo primaveral permite una limpieza constante y las plantas primaverales de polen causan un aumento en las crías. Aun así, las nuevas cepas parecen ser más contagiosas y pueden devastar una colonia en cualquier momento del año, especialmente si la salud de la colonia se ha puesto en peligro por la exposición a pesticidas.

Ascosferosis: Es una enfermedad causada por el hongo *ascophaera apis*. Normalmente los apicultores descubren la enfermedad al principio de la primavera cuando las obreras sacan las larvas infectadas cerca de la entrada a la colmena. No hay tratamiento médico para la ascosferosis y raramente es grave para la colonia. Al ir avanzando la cría de primavera, la colonia supera naturalmente la enfermedad. En ciertas colonias, si persiste de año en año, los apicultores deben quitar los panales y desinfectar la madera entes de poner nuevos elementos.

Virus de la cría ensacada: Este virus solo afecta a las larvas de la abeja melífera y es ligeramente infeccioso dentro de la colmena. Generalmente, se puede resistir a la enfermedad poniendo una nueva reina en la colonia. La ruptura en el ciclo de cría permite a las obreras sacar fuera todas las larvas infectadas en poco tiempo cuando no hay más larvas de una edad vulnerable. No hay cura médica para la cría ensacada.

Hay varios virus que afectan negativamente a las abejas melíferas. Unos pocos, como el de las alas deformadas, generan síntomas advertibles, pero la mayoría no. Actualmente no hay cura médica para los virus de las abejas. Pero controlar su población puede reducir enormemente el impacto de los virus de las abejas.

CAPÍTULO 5

PROCESOS DE PRODUCCIÓN DE MIEL

La miel es una sustancia con aspecto de jarabe fabricada por las abejas a partir del néctar de las flores. Se usa como edulcorante y para untar. La miel está compuesta en un 17-20% por agua, un 76-80% de glucosa y fructosa, polen, cera y sales minerales. Su textura y color dependen del tipo de flor del que las abejas toman el néctar. Por ejemplo, la alfalfa y el trébol generan miel blanca, el brezo un color marrón rojizo, la lavanda un color azul ambarino y la acacia un color pajizo.

Materias primas

Una colonia de abejas normal genera entre 25 y 45 kilos de miel cada año. Las colonias se dividen en una organización del trabajo a tres niveles: 50.000-70.000 obreras, una reina y 2.000 zánganos. Las abejas obreras viven solo de 3 a 6 semanas, recogiendo cada una de ellas aproximadamente una cucharadita de néctar. Un litro de miel pura necesita 4 kilos de néctar, lo que equivale a recogerlo en cuatro millones de flores.

Cuando las abejas obreras llegan a los 20 días de edad, salen de la colmena para recoger néctar (la sustancia dulce que segregan las glándulas de las flores). La abeja perfora los pétalos de las flores y extrae el néctar con su lengua y lo guarda en su saco melífero o abdomen. A medida que el néctar discurre por el cuerpo de la abeja, se extrae el agua y se envía a sus intestinos. El sistema glandular de la abeja secreta enzimas que lo mejoran.

El polen se adhiere a las patas y pelos de la abeja durante la polinización. Parte de este cae en las flores y parte se mezcla con el néctar. Cuando la obrera no puede recoger más néctar, se retira a la colmena. El néctar se guarda en una celda vacía del panal. Algunas obreras ingieren la miel, mejorándola con más enzimas que la maduran aún más. Cuando la miel está completamente madura, se coloca en una celda del panal y se tapa con una fina capa de cera.

EL PROCESO DE FABRICACIÓN

Cosechar un exceso de miel es una indicación de que el año ha sido bueno, con las lluvias apropiadas, lo que ha hecho que haya muchas flores y ha permitido que las abejas vuelen.

Has criado y cuidado a tus abejas hasta que han madurado. Ahora que la colmena está atareada, puedes seguir estos pasos para cosechar tu miel.

Traje de apicultor: Hay que enfundarse el traje de apicultor por seguridad, especialmente si es la primera cosecha. Hay que llevar guantes que lleguen hasta el codo y llevar un gorro velado apropiado para la apicultura. Asimismo, hay que llevar ropa a prueba de abejas. Esto protege tu cuerpo y asimismo a las abejas frente a una trágica rivalidad.

Para sacar los panales, el apicultor debe llevar un casco velado y guantes protectores. Hay distintos procesos para sacar los panales. El apicultor puede limitarse a quitar las abejas de los panales y llevarlas de nuevo a la colmena.

Otra forma es lanzar una ráfaga de humo en la colmena. Las abejas, ante la presencia del fuego, se dirigen hacia la miel para llevarse tanta como puedan antes de salir volando. En este caso, es menos posible que las abejas piquen cuando se abra la colmena.

Un tercer proceso requiere un tablero para separar la parte de la miel de la de la cría. Cuando las abejas en la parte de la miel se dan cuenta de que se las ha separado de la reina de su colonia, van por otro camino que las permite entrar en la cámara de cría, pero no volver a la cámara de la miel.

El tablero separador se coloca durante unas dos o tres horas antes de sacar el panal. La mayoría de las celdas del panal deberían estar tapadas. El apicultor comprueba el panal sacudiéndolo. Si fluye la miel, el panal se devuelve a la cámara de la miel durante unos pocos días más. Casi un tercio de la miel se abandona en la colmena para alimentar a la colonia.

Destapar los panales: El destape implica eliminar la delgada cera que cubre las celdas para permitir que la miel quede al descubierto. Cuando se destapan, no se quiere dañar en absoluto las celdas, porque el panal usado pude volver a utilizarse para rellenarlo. Los panales que están cubiertos el menos en sus dos tercios se depositan en una caja de transporte y se llevan a un espacio completamente libre de abejas. Usando un cuchillo de desopercular de mango largo, el apicultor elimina las capas de protección de ambos lados del panal sobre un banco. La capa de cera que se corta o quita de las celdas se llama opérculo. Hay que asegurarse de que se saca toda la miel de los opérculos y se añade a la cosecha. La cera que se saca puede lavarse con agua y almacenarse en una nevera para hacer posteriormente bloques de cera.

Extraer la miel: Los panales se inyectan con un extractor, un gran tambor que usa la fuerza centrífuga para sacar la miel. Como todos los panales pueden llegar a pesar más de dos kilos, el extractor gira a una velocidad lenta para evitar que se agrieten. Al ir girando el extractor, la miel va quedándose en las paredes. Cae lentamente en el fondo en forma de cono y sale del extractor por una espita. Debajo de la espita hay un cubo de miel con dos cedazos, uno grueso y otro fino, para filtrar las partículas de cera y otros residuos. Luego la miel se guarda en grandes tarros y se lleva al distribuidor comercial.

Procesamiento y embotellado: Cuando llega al distribuidor comercial, la miel se introduce en tanques y se calienta hasta los 49°C para derretir los cristales. Además, se mantiene a esa temperatura todo un día. Todas las partes apícolas no esenciales y el polen suben a lo alto y se retiran. La mayoría de la miel se calienta luego de golpe hasta los 74°C y se filtra por un papel y luego de enfría también de inmediato volviendo a los 49°C. Este proceso se lleva a cabo muy rápidamente, en aproximadamente siete segundos. Aunque el proceso de calentamiento hace que se pierdan algunas de las propiedades beneficiosas de la miel, los consumidores, por lo general, prefieren la más ligera y brillante.

Un pequeño porcentaje, tal vez un 5%, queda sin filtrar. La miel se ve oscura y nublada, pero esta miel no procesada puede venderse en algunos lugares.

El método más sencillo para un principiante para embotellar miel es hacerlo con botellas de plástico con una apertura en su extremo. Puedes rellenar sin dificultad las botellas que quieras vender, almacenar o regalar.

Cuando las ventas de tu miel empiecen a prosperar, piensa en conseguir un calentador de botellas y tal vez un llenador automático. Asimismo, usa botellas y contenedores limpios y desinfectados para evitar contaminar los productos melíferos.

VENTA DE MIEL

La venta es una técnica proactiva de reconocer y satisfacer las necesidades consumidores o compradores de una forma que los beneficie. Vender no es más que la transacción esencial que supone el comercio de un producto y la obtención de beneficios a cambio. Con esta definición, esto significa que la venta requiere una estrategia adicional y cuidadosa y una toma más calculada de decisiones.

La apicultura ofrece la oportunidad de que incluso personas pobres puedan cosechar productos comerciales y al por menor de los que conseguir ingresos. Los productos apícolas populares llamados miel pueden venderse en un mercado apropiado. Los apicultores deberían determinar el mercado que mejor se adapte a sus productos. Los apicultores solo pueden tomar esta decisión cuando la sociedad conoce las opciones disponibles. Las oportunidades en el mercado difieren en función de la cantidad de miel a la venta y de las muchas posibilidades para un apicultor para evaluar cierto mercado y están determinadas por el área, las comunicaciones y los recursos disponibles para publicidad.

Por ejemplo, un apicultor que solo tenga una pequeña cantidad de miel inmediatamente después de la cosecha y no sea capaz de llevarla a una zona en la que hay menos miel en el mercado tendrá menos opciones en este. Es posible que la única alternativa sea el mercado y el precio locales. Un apicultor que pueda almacenar miel hasta que otros hayan acabado de vender tendrá un mercado local razonable con un precio literalmente mayor para la miel, al ser esta más escasa. Los apicultores que solo tengan una cantidad moderada de miel para vender, pero estén dispuestos a unirse a otros apicultores en la misma situación (tal vez para pagar su transporte a otros mercados) tiene así diversas posibilidades.

En general, los mercados locales suponen una cantidad pequeña de ingresos regulares en efectivo y tienen pocas posibilidades de crecimiento para el negocio apícola. Esto es cierto sobre todo cuando muchos apicultores están tratando de vender en el mercado local al mismo tiempo. La inaccesibilidad a los mercados lejanos y los mercados saturados hacen que los productores acudan más a intermediarios que les dan menos dinero del que esperaban, desanimándolos a continuar interesados en una mayor producción de miel.

Los mercados lejanos pueden asimilar mayores cantidades de miel, de forma que pueden producir una riqueza considerable para los productores. En todo caso, estos mercados necesitan volúmenes mucho mayores de miel y normalmente requieren un suministro fiable a lo largo del año.

Esto requiere continuamente la cooperación entre muchas personas distintas para crear una cadena de suministro. Cuanto más lejano sea el mercado, más larga será esta cadena. Como toda cadena, constará de varios eslabones (productores, intermediarios, vendedores al por mayor y al por menor).

Si se rompe u omite alguno de los eslabones de la cadena, toda ella se vendrá abajo. Hay que ser conscientes de que cada eslabón en la cadena de venta querrá beneficiarse con la venta de la miel, lo que puede influir tanto en el precio de compra como en el de venta. Los mercados lejanos requieren volúmenes más grandes, tiempos fiables de entrega, estándares establecidos de calidad y probablemente tengan algunas responsabilidades regulatorias.

EL ALMACENAMIENTO DE LA MIEL

La miel es una de las sustancias más fáciles de almacenar. Basta con guardarla en un contenedor herméticamente cerrado en un lugar fresco y fuera de la luz del sol. Usa la botella inicial en la que cae la miel. Se recomienda un tarro de cristal o contenedor plástico de alimentos cualquiera. No almacenes miel en metales para que no se oxide.

No es necesario almacenar la miel en una nevera. Es mucho más fácil de usar si no se enfría, porque si se hace así se espesará. Esto la hace difícil de usar en su momento y obliga a calentarla para que se vuelva líquida antes de poder emplearla.

La miel también puede congelarse, aunque no es necesario hacerlo. Asimismo, hay que evitar el calor y la humedad. Lo peor que se puede hacer con la miel es abrir el envase a alta temperatura y dejar que la humedad entre en él.

Lo apropiado es la temperatura ambiente. Si tu casa a menudo se calienta demasiado, busca un lugar fresco en la despensa para guarda tu miel. Además, mantenla alejada de la luz del sol, la calefacción y cualquier elemento que produzca calor.

Para impedir que la humedad entre en la miel, hay que sellar herméticamente el envase y sacarla con una cuchara seca. Una pequeña cantidad de agua puede iniciar la fermentación, que es lo que produce hidromiel. Para su uso en concina no es lo ideal y puede rebajar el valor de tu miel.

CADUCIDAD DE LA MIEL

La miel tiene un periodo de caducidad increíblemente largo. La miel tiene un alto nivel de azúcar y es uno de los alimentos naturales más duraderos que existen. Puede mantenerse casi eternamente si se almacena adecuadamente. Los productores de miel normalmente ponen dos años en la etiqueta. Esto se hace por razones funcionales, porque cada miel varía mucho.

En todo caso, sí señalan que la miel puede durar años e incluso siglos. En realidad, la caducidad de la miel depende de cómo se fabrique, es decir, si está pasteurizada o es natural, cómo se envasa, como se conserva, etc.

Pueden producirse algunas alteraciones químicas naturales, por lo que puede oscurecerse o cristalizar y también perder algo de su sabor y aroma con el paso del tiempo, pero es improbable que se estropee.

No os sorprendáis si vuestra miel se vuelve espesa mientras se almacena. Se llama cristalización. No es perjudicial ni es una señal de que se esté estropeando. La miel natural con una mayor cantidad de polen cristalizará más rápidamente que la mayoría de las mieles producidas comercialmente.

El tiempo muy frío también causa cristales. La miel cristalizada es una de las varias formas producidas deliberadamente por muchos apicultores, porque a veces puede ser preferible.

Si la miel está cristalizada, es sencillo volver a hacerla líquida. Basta con poner el tarro de miel al baño maría y removerla mientras se calienta.

No dejes que se caliente en exceso, porque ese calor puede alterar el sabor y el color si el azúcar se empieza a caramelizar. Tampoco hay que usar microondas, porque puede calentarla demasiado rápido.

Si no puede usarse una cocina, también puede usarse un cubo de agua caliente. Aunque tarde tiempo en volver a su estado líquido y tengas que cambiar el agua caliente si se enfría.

CONCLUSIÓN

Las abejas son criaturas muy interesantes que han acompañado a la humanidad durante siglos. Fabrican uno de los productos más buscados por el hombre, la miel, a través del proceso de sus actividades en las colmenas. En la antigüedad, el hombre arrostraba muchos riesgos para tratar de cosechar esa miel, a menudo el proceso de cosechado ocasionaba la destrucción de las abejas y sus colmenas y por eso la apicultura es tan importante al permitir a aficionados y granjeros gestionar su propio apiario.

Las abejas desempeñan un papel muy importante en la sostenibilidad del planeta, son útiles para polinizar flores y muchas cosechas agrícolas y también producen miel y otros productos en el proceso. Pero la apicultura no es para pusilánimes, requiere mucha valentía, tiene algunos elementos de riesgo y necesita muchos conocimientos. Sin embargo, para los que dan el salto puede ser muy gratificante y mucha gente ha conseguido vivir de ello.

La miel es básica para muchos productos farmacéuticos y también muy popular en el sector cosmético. El deseo de miel continuará aumentando y también su demanda, por lo que es necesario un libro como este para señalar la dirección correcta para empezar la práctica de la apicultura.